María Wagner Civera

Noticias de un hacker

Ernst Klett Verlag
Stuttgart · Leipzig

1. Auflage 1 10 9 | 2026 25

Alle Drucke dieser Auflage sind unverändert und können im Unterricht nebeneinander verwendet werden. Die letzte Zahl bezeichnet das Jahr des Druckes.

Autorin: María Wagner Civera, Den Haag

Redaktion: Elena Freire Gómez, Narón/La Coruña

Satz: Fotosatz Kaufmann, Stuttgart
Illustrationen: Katja Rau, Fellbach
Druck: Plump Druck und Medien GmbH, Rheinbreitbach

Printed in Germany.
ISBN 978-3-12-535920-8

Índice

1 Inés

Es viernes y llueve un poco. Diego mira otra vez el reloj. Todavía tiene diez minutos de clase. Después va a ir a casa y va a chatear con su ídolo. Se llama Devil y Diego sólo sabe que es un experto en informática, como él. Devil le parece una persona interesante aunque demasiado misteriosa. La verdad es que Diego prefiere hablar con él que con sus compañeros. Las conversaciones que ellos tienen le parecen aburridas y por eso no tiene amigos en el instituto y no charla casi con los otros.

Diego mira por la ventana y piensa en Devil. La clase termina y, mientras ordena sus cosas, pasa algo raro. Inés, la chica más guapa de la clase, y en su opinión también del mundo, va directa a él y le dice:

—Diego, mañana por la tarde vamos al cine. ¿Quieres venir?

—No, no tengo tiempo, tengo que estudiar —contesta Diego que no sabe muy bien que decir.

—Pero tío, es fin de semana y eres el mejor de la clase.

—Sí, y quiero seguir siendo el mejor. Por eso no voy a ir.

—¡Venga, déjalo! ¡Es un aburrido! Mejor vamos a estar sin él… —le dice Mamen a Inés.

Las dos amigas cogen sus mochilas y se van por la puerta mientras Diego todavía las escucha…

—¿Por qué le has dicho lo del cine? —pregunta Mamen enfadada.

—¡Tssss! Luego te lo cuento, creo que todavía nos oye… —dice Inés en voz baja.

Las chicas ya están lejos. Diego ya no las escucha y de camino a casa sólo piensa en Inés. Es la chica guay de la clase y a él le parece que todos están enamorados de ella. A él también le gusta y se siente un poco enamorado. Inés es especial. No es muy alta, pero tampoco es bajita, es morena y tiene el pelo

---

6 **misterioso, -a** geheimnisvoll – 13 **una opinión** eine Meinung – 22 **una mochila** ein Rucksack – 27 **en voz baja** leise

liso y no muy largo. Sus ojos son oscuros y tiene una sonrisa graciosa. Es una chica atractiva y animada. A Diego le parece inteligente, pero sus notas son cada año peores. Toca la guitarra en una banda de música y su amiga Mamen es la cantante. A Diego le parece que es una chica divertida, pero complicada y no sabe muy bien por qué lo ha invitado al cine. Normalmente nadie lo invita a nada.

2 Noticias de Devil

Diego llega a casa. El piso no es grande. Vive con sus padres y su hermano que tiene 14 años, casi dos menos que él. A Diego le gusta su dormitorio que es pequeño, pero tiene todo lo que necesita: una mesa con un buen ordenador, una silla y una cama cómodas, un armario y una gran estantería llena de cedés. La ventana está delante del ordenador, así que puede ver la calle cuando programa.
Diego enciende el ordenador y ve un mensaje de Devil, según muchos, el mejor hacker de la historia:

Devil: Hola Godie ¿Estás ahí? ¡He dormido fatal! La policía sigue mi rastro desde hace días. Voy a tener que controlar mejor mi trabajo.

Diego, en Internet conocido como Godie, le contesta:

Godie: Acabo de llegar. Dime… ¿Cómo sabes que te buscan?
Devil: Lo sé, simplemente lo sé. Mi ordenador hace cosas raras, recibo más de 600 mensajes al día… ¡Esto es un desastre!

---

13 **cómodo, -a** bequem – 16 **encender** starten – 18 **seguir el rastro** der Spur folgen – 23 **simplemente** einfach

Godie: ¿Necesitas mi ayuda?
Devil: Sí, España es el único país que no tengo bajo control.
Godie: ¿Significa eso que ya lo has conseguido en China?
Devil: Sí, ayer lo conseguí.
Godie: ¡Enhorabuena, Devil! ¡Eres genial!

De repente se corta la conexión y Devil desaparece de la pantalla. ¡Increíble! piensa Diego… ya tiene a casi todo el mundo bajo control y yo le voy a ayudar a terminar la misión. Va a ser el mayor cibercrimen de la historia y yo voy a ser uno de los autores…

Diego deja el ordenador abierto y empieza a hacer los deberes. A lo mejor Devil vuelve a conectarse, piensa.

—¡Diego, la tortilla se está enfriando. Ven a cenar! —grita la madre.

Diego mira el reloj. Ya son las nueve y media de la noche.

—Qué rápido pasa el tiempo —piensa. Cuando llega al comedor están todos ya sentados y miran interesados la televisión.

—¡Pon el volumen más fuerte! —dice el padre.

Buenas noches. Empezamos con la noticia más importante del día. Devil, el hacker más famoso de la historia, sigue sembrando el caos en el mundo. Ayer consiguió el control de todos los correos electrónicos chinos, algo hasta ahora impensable. La policía todavía no sabe quién es el autor…

—¡Increíble! —comenta el padre, que es también un experto en informática.

---

6 **de repente** plötzlich – 6 **cortarse** unterbrochen werden – 6 **la conexión** die Verbindung – 6 **desaparecer** verschwinden – 12 **conectarse** sich einloggen – 19 **poner el volumen más fuerte** lauter stellen – 19 **sembrar el caos** Chaos verbreiten – 23 **impensable** undenkbar

Diego está nervioso y no sabe muy bien como hablar del tema con su familia.

—Bueno, pero es una noticia divertida ¿no? —dice Diego.

—No, no es nada divertido —continúa el padre. —La amenaza de ese Devil es muy seria. Si tiene todos los correos electrónicos bajo control puede provocar una catástrofe financiera mundial. Esto puede ser un problema para mucha gente y muchas empresas.

—¡Pero eso es imposible! —protesta la madre. —Los correos electrónicos no se pueden controlar desde un sistema central.

3 Una tarde de cine

Por la noche Diego no puede dormir bien. Sólo puede pensar en dos cosas: Inés y Devil.

Por la mañana mira otra vez el correo. No tiene noticias de Devil y está cansado de esperar delante del ordenador. Así que decide ir al cine con los chicos.

En la puerta hay mucha gente. Diego mira de un lado a otro, pero no ve a nadie conocido. ¡Qué ridículo! Seguro que ha sido una broma de Inés… piensa Diego.

Mamen llega en ese momento y le pregunta:

—¡Hola Diego! ¿Por qué no estás estudiando?

—¡Qué simpática eres! —contesta Diego enfadado.

Llegan algunos compañeros más de la clase y al final Inés, que siempre llega tarde.

—¡Venga! Vamos a entrar. Todavía tenemos tiempo para comprar refrescos —dice Inés que mira contenta a Diego.

---

4 **la amenaza** die Gefahr – 5 **serio, -a** ernst – 6 **provocar** auslösen – 8 **una empresa** ein Unternehmen – 18 **de un lado a otro** hin und her – 19 **¡Qué ridículo!** Wie lächerlich! – 20 **una broma** ein Spaß

El cine está lleno, pero los chicos encuentran sillas libres al final de la sala. Inés consigue sentarse al lado de Diego y le dice:

—¡Qué bien que has venido! Todo el mundo dice que la película es genial.

—Vamos a ver… —dice Diego mientras en el cine ya se apagan las luces.

La sala está oscura y la película es de verdad bastante buena, es un thriller americano. A Diego le parece interesante, pero no se puede concentrar porque siente muy cerca a Inés. Escucha su respiración, huele su perfume y siente su pierna derecha con su pierna izquierda.

Entonces Inés le da un beso y le dice en voz muy baja:

—Me gustas, Diego.

Diego más que contento está muy rojo y piensa: ¡Qué suerte que el cine está oscuro! Entonces toma la mano de Inés y se siente más tranquilo.

Cuando salen del cine Mamen y los demás chicos se despiden y Diego va con Inés hasta el metro.

—Diego, necesito tu ayuda —dice Inés.

—¿Qué pasa? —pregunta Diego preocupado.

—Necesito ayuda en matemáticas, últimamente no comprendo nada y en el último examen tengo muy mala nota.

—Bueno, pues podemos quedar mañana por la tarde y te explico lo más importante.

—Diego, el examen es el martes… ¡y no tengo ni idea! Necesito una solución mejor.

—Pues yo no conozco otra solución —contesta Diego.

Inés se pone delante de él y le mira a los ojos. Entonces le propone algo:

---

6 **apagarse** ausgehen – 11 **la respiración** der Atem – 11 **oler** riechen – 15 **más que** eher als – 27 **la solución** die Lösung

—Sé que eres muy bueno en informática y el Gafotas lo tiene todo en el ordenador del colegio. ¿Puedes robar el examen? Por favor, Diego, hazlo por mí.

Diego no se siente bien porque sabe que si lo pillan puede tener muchos problemas. Pero también piensa en Inés y se imagina que va a estar muy contenta si consigue el examen. Después de un rato Diego le contesta:

—No es fácil lo que me pides. Además, es muy peligroso, pero lo voy a intentar.

Inés se alegra y le da un abrazo muy fuerte a Diego.

—¡Gracias Diego!

Diego tiene por fin la excusa perfecta para pedirle a Inés sus datos.

—Necesito tu dirección de correo electrónico y tu número de móvil.

—¡Claro, Diego! ¡Escribe!

Diego saca su móvil y apunta los datos. Entonces llega el metro de Inés y se despiden.

4 ¡Mensaje de Devil!

Cuando Diego llega a casa, sus padres están viendo una película y su hermano está en casa de un amigo. Así que va a su habitación y enciende el ordenador.

—¡Mensaje de Devil! —dice Diego contento.

Devil: Hola, Godie, tengo que ir a Madrid. Hay algunas cosas técnicas que sólo puedo solucionar desde allí.

---

4 **pillar** erwischen – 6 **imaginarse** sich vorstellen – 8 **peligroso, -a** gefährlich – 10 **alegrarse** sich freuen – 12 **una excusa** ein Vorwand

Mi visita va a ser de pocos días y es totalmente secreta. La policía me busca sin pausa. Eres la única persona a la que quiero ver, la única en la que confío y que me puede ayudar.

—¡Madre mía! —piensa Diego. —De repente todo el mundo necesita mi ayuda. Esto puede ser un desastre, pero es todo tan emocionante…

Diego escribe:

Godie: ¡Devil! ¿Estás ahí? Acabo de leer tu mensaje ¿Qué haces?
Devil: Me acabo de levantar. Estoy desayunando.
Godie: ¿Desayunando? Pero si es casi de noche…
Devil: Aquí es muy pronto.
Godie: Pero… ¿dónde vives?
Devil: Demasiadas preguntas…
Godie: ¿Cuándo vienes? ¿O esta pregunta te parece también muy personal?
Devil: Llego el viernes, nos podemos encontrar por la tarde, a las 17:30 en el Café Central en la Plaza del Ángel.
Godie: ¡Vale! Está bien. Pero dime ¿cómo voy a saber quién eres?
Devil: Voy a llevar un maletín marrón, una camisa a cuadros y vaqueros.
Godie: De acuerdo. Allí nos vemos.
Devil: ¡Espera! ¿Y tú como eres?
Godie: Soy normal. Bueno, creo que soy bastante alto y no soy feo. Llevo el pelo corto y soy moreno. Me encantan las camisetas con dibujos de cómics y siempre llevo vaqueros y zapatillas de deporte. Así que el viernes también voy a ir así.
Devil: La verdad es que pareces bastante normal. ¡Espero reconocerte! ¿Puedes traer tu ordenador? A lo mejor el mío tiene problemas con el sistema español.

---

1 **secreto, -a** geheim – 3 **confiar** vertrauen – 6 **emocionante** spannend – 19 **un maletín** ein Handkoffer – 19 **a cuadros** kariert – 27 **reconocer** erkennen

Godie: Sí, lo voy a llevar en la mochila. ¡Hasta el viernes! y ¡buen viaje!
Devil: ¡Ah! Naturalmente no puedes hablar con nadie sobre esto. Es un secreto entre nosotros dos. ¡Confío en ti! ¡Adiós!

Diego se pregunta en qué país puede vivir Devil y cómo va a ser. Está nervioso por conocer al hacker más famoso del mundo. Para él es todo un privilegio.

5 El examen del Gafotas

El lunes Diego llega pronto al instituto. Tiene que pensar cómo robar el examen. Inés también ha llegado antes de lo normal y le pregunta a Diego:
—¿Ya lo tienes?
—¡Pero Inés! Que son las 8:30 de la mañana, déjame despertarme primero.
—Tienes razón, lo siento. Es que estoy muy nerviosa.
—Te lo doy después del recreo. Al Gafotas le toca estar en el patio durante el recreo y siempre deja la oficina abierta.
—Sí, es verdad, nunca la cierra. ¡Suerte! —Le dice Inés con una atractiva sonrisa.
Durante el recreo Diego observa el pasillo. Como siempre, el Gafotas ha dejado la puerta abierta. Diego mira de un lado a otro, pero no ve a nadie. Entonces entra. Se sienta delante del ordenador y empieza a buscar el examen. Pero el Gafotas no es tan tonto como parece. Para ver el examen necesita una contraseña. Diego sabe que con tiempo puede conseguir la contraseña. Pero el problema es que no tiene tiempo. Sólo

---

9 **robar** klauen – 18 **una sonrisa** ein Lächeln – 23 **tonto, -a** dumm – 25 **una contraseña** ein Passwort

quedan tres minutos para el final del recreo. Está nervioso y siente el calor por todo su cuerpo. Entonces escucha personas que se acercan a la puerta. Diego está preocupado. No sabe que hacer.

De repente suena su móvil. Es Inés:

—Sal de ahí, el Gafotas va a entrar.

Diego apaga el móvil, deja el ordenador como lo ha encontrado y justo antes de salir ve todos los exámenes preparados sobre la mesa. Sin pensarlo dos veces toma uno y lo mete debajo de la camiseta.

Al salir se encuentra con el Gafotas y el profesor de física.

—¿Qué haces aquí? —pregunta el Gafotas enfadado.

—Es que no entiendo un ejercicio y he pensado que usted me puede ayudar. Pero si no tiene tiempo... —dice Diego todo lo natural que puede.

—Pero Diego... ¿qué no entiendes tú? Tienes una mente privilegiada, así que lee otra vez el libro y si todavía no lo entiendes, vuelve esta tarde y me lo preguntas. ¿Vale?

—Está bien, gracias.

El Gafotas es viejo, pero no es tonto. Por suerte también es buena persona y cree la excusa que le cuenta el chico. Además, sabe que Diego no necesita robar ningún examen para tener una buena nota.

Inés y Mamen esperan a Diego en la puerta de clase y le preguntan por el examen.

—¡Pero Inés! ¡Esto es algo entre tú y yo! —protesta Diego cuando ve a Mamen.

—¡Venga, Diego! ¡Por favor! Yo también lo necesito para aprobar y no se lo voy a contar a nadie más —dice Mamen más amable de lo normal.

---

8 **justo antes de** kurz bevor – 16 **la mente** der Verstand

Inés le da un abrazo y le pregunta:
—Bueno, ahora nos ayudas a hacerlo, ¿verdad?
Diego no se siente muy bien con todo esto, pero no le puede decir que no a Inés porque ya está demasiado enamorado de ella.
Al salir del instituto Diego va hacia casa mientras piensa en Inés y Devil. En las dos historias hay cosas que no le gustan o que no entiende del todo: «¿Qué quiere conseguir Devil con el control de todos los correos? ¿Sólo fama o algo más? y ¿Qué pasa con Inés? ¿Le gusto de verdad o sólo me utiliza para tener una buena nota en el examen de matemáticas?» se pregunta.

Durante los próximos días Diego no recibe ningún mensaje de Devil, pero está tranquilo porque sabe que el viernes ya está cerca. Con Inés habla más. Le encanta todo lo que dice y cómo lo dice. Es una chica guay. A veces piensa en contarle la historia de Devil, pero sabe que no es una buena idea. Nadie puede saber nada.

6 El encuentro

Es viernes. Diego llega al punto de encuentro. La cafetería no está muy llena, hay unas veinte personas, pero Diego no ve a nadie con el perfil de Devil. Ninguno de los hombres que están sentados o de pie lleva el maletín, la camisa a cuadros…
Diego mira decepcionado a su alrededor, cuando de repente se da cuenta de que alguien lo está mirando desde una mesa.

---

19 **un punto de encuentro** ein Treffpunkt – 21 **el perfil** das Aussehen – 23 **decepcionado, -a** enttäuscht

—¿Godie? —dice una atractiva mujer rubia de unos 25 años con una camisa a cuadros y un maletín marrón.

—¿Devil? —contesta Diego todavía impresionado.

—Sí, ¿qué pasa? como todos... Pensaste que era un hombre ¿verdad?

—Sí, no sé por qué, pero ...

—¡Siéntate! ¿Qué quieres tomar? —le dice la mujer en español con acento extranjero.

—Un chocolate y tres churros —le pide Diego al camarero.

—Bueno, ¿has traído tu ordenador? —pregunta Devil.

—Sí, pero espera, dice Diego. Me tienes que explicar exactamente tus planes. ¿Qué quieres conseguir con el control de todos los correos?

—¿Tú que crees? le dice Devil.

Diego tiene muchas dudas y no sabe qué contestar. Saca su ordenador y lo pone sobre la mesa.

—¿Éxito? ¿Fama? ¿Control sobre la gente?... —contesta Diego.

Devil mira a Diego y ya no sabe si Diego va a ser un buen cómplice...

—¡Dinero, Godie, dinero! —le dice Devil mientras le mira a los ojos.

—Y... ¿cómo vas a conseguir el dinero?

—¿Conoces la palabra «chantaje»? —pregunta Devil irónicamente.

—¿A quién y cómo? —pregunta Diego.

—A los políticos y los grandes bancos. Con ayuda de gente como tú. He conseguido algunos datos interesantes, pero como te dije, me falta terminar el plan en España.

Tú vas a ser mi cómplice en Madrid. Claro, que también te voy a pagar una parte del dinero... Para un chico joven, como tú, va a ser bastante. Puedes estar contento.

---

17 **el éxito** der Erfolg – 20 **un cómplice** ein Komplize –24 **un chantaje** – eine Erpressung

Diego, preocupado, moja un churro en el chocolate. Está asustado y se da cuenta de que la historia de Devil no es ningún juego.
—No sé Devil, tengo que pensarlo. Esto no me parece muy bien…
—No tienes nada que pensar Godie. Es demasiado tarde, me has visto, me conoces y conoces mis planes. Ya no puedes echarte atrás.
—Está bien. Voy a ayudarte, pero yo también necesito tu ayuda —dice Diego serio.
—¿Qué quieres?
—Quiero que consigas entrar en esta dirección: Inesga@chiquimail.es. Es algo personal —explica Diego.
—Entiendo —contesta Devil con una sonrisa.— Esta noche te doy el acceso a esa dirección. Nosotros nos vemos dentro de tres días, a la misma hora, en la estación de trenes de Atocha. De allí voy a viajar a otro lugar. Va a ser nuestro más importante y último encuentro. Allí te voy a dar los documentos que necesitas.
—¡Vale! Pero antes de irte dime… ¿cómo te llamas en realidad? —pregunta Diego con ganas de saber más.
—Eso no es importante, Dieguito —contesta Devil.
—¡Eso es injusto! ¿Cómo sabes tú mi nombre? —dice Diego.
—Recuerda, pequeño, yo sé todo sobre todos… así que no me traiciones. ¿Entendido?
—Sí, entendido —dice Diego enfadado mientras se levanta de la silla.
—¡Qué lástima! —piensa Diego mientras se deja caer en la cama. Para él Devil sigue siendo el mejor hacker del mundo, pero no le ha gustado como persona. Su encuentro no ha sido tan bonito.

---

1 **mojar** tunken – 1 **asustado, -a** eingeschüchtert – 8 **echarse atrás** einen Rückzieher machen – 15 **un acceso** ein Zugang – 23 **injusto, -a** ungerecht – 25 **traicionar** verraten – 28 **dejarse caer** sich fallen lassen

7 El correo de Inés

Diego se sienta en su mesa y mira el ordenador, entonces ve el mensaje de Devil con una contraseña de acceso:
Aquí tienes Godie, para que puedas leer los secretos de tu amiguita. Perdona si antes no he estado muy amable. Últimamente estoy un poco nerviosa.
Diego sabe que no está bien lo que hace, pero necesita conocer un poco mejor a Inés y saber lo que piensa de verdad sobre él.
Inés tiene muchos amigos y escribe bastantes correos, pero la mayoría no son muy interesantes y no dicen nada sobre él. Pero unos minutos más tarde encuentra algo interesante… El mensaje es de hace una semana y es para Pedro, un compañero de clase. Entre otras cosas le explica: *Ya no podemos seguir juntos, pero podemos seguir siendo amigos…*
Diego se pone contento y piensa que Inés ha dejado a Pedro porque se ha enamorado de él. Entonces sigue leyendo los mails. De repente lee uno que no le gusta nada. Es para Mamen.
Bueno chica, te lo explico… lo he invitado al cine porque lo necesito. No va a ser difícil salir con él durante un tiempo. He visto como me mira, creo que le gusto… Ya sé que es un aburrido y no es nada guay, pero tengo que aprobar mates. Mi padre está ya muy enfadado con mis notas y Diego es el único que me puede ayudar. ¿Qué te parece mi plan?
—¡Mi plan! ¡Mi plan! —dice Diego enfadado y deja de leer los mails. —Así que soy aburrido y soy sólo parte de un plan —piensa él. Se siente triste y engañado. Últimamente no parece tener muy buena suerte con las mujeres.

---

15 **seguir juntos** weiter zusammen sein – 23 **aprobar** bestehen –
28 **engañado, -a** betrogen

8 En el instituto: las notas de matemáticas

Al día siguiente se encuentra con Inés en la puerta del instituto. Está muy contenta porque van a dar las notas de matemáticas. Además, se alegra mucho de ver a Diego y le da un fuerte abrazo.

—¡Déjame! —dice Diego mientras la aparta.

Inés lo mira sorprendida y no entiende nada.

—¿Qué te pasa, tío? —le pregunta.

—Diego se da la vuelta y sin contestar se sienta lejos de Inés. Mamen, que ha visto todo, se acerca a Inés y le pregunta:

—¿Y a éste qué le pasa?

—No lo sé, está muy raro. A lo mejor el Gafotas lo ha pillado y le ha dicho algo. Pero me da igual. Yo sólo quiero tener una buena nota, explica Inés enfadada.

—Sí, sí... —se ríe Mamen. —Yo creo que Dieguito te importa más de lo que dices...

—¿Por qué dices eso? —pregunta Inés seria.

—Porque cada vez que lo vemos pareces feliz y me hablas todo el día de él. —Entonces Mamen empieza a imitar a Inés:

—*¡Oh! Él es tan inteligente y divertido y, además, tiene unos ojos tan bonitos*... ¡Venga! Está claro que te has enamorado de él.

Inés mira enfadada a Mamen y le dice:

—Pues... creo que tienes razón, es un chico genial y es verdad que pienso todo el día en él. Pero hoy no sé que le pasa, a lo mejor ya no le gusto...

El Gafotas está devolviendo los exámenes corregidos. Sólo faltan por devolver los de Inés y Mamen. El profesor va hacia el final de la clase, se para delante de ellas y les dice mientras las mira a los ojos:

—¡Enhorabuena, señoritas! Es increíble cómo habéis mejorado en tan poco tiempo.

---

6 **apartar** wegstoßen – 15 **importar** wichtig sein – 19 **imitar** nachmachen

—Sí, es que en el fondo somos muy inteligentes, —contesta Mamen irónicamente.
—¡Perfecto! Me alegra escuchar que vuestra inteligencia se ha desarrollado tanto en los últimos días —dice el Gafotas con una sonrisa —Vamos a verlo con un pequeño test sorpresa.
—¡Oh, noooo…! —dicen las dos chicas juntas.
—¡Oh, sííííí…! —contesta divertido el profesor.
Diego mira a las chicas y también se alegra. Por lo menos a Inés no le ha salido bien el plan, piensa él.

Al terminar la clase Inés se siente deprimida, su nota en mates ya no va a ser buena y, además, Diego la ignora. Inés piensa que ya tiene suficientes problemas cuando ve llegar a Pedro, su exnovio.
—¿Y tú qué quieres ahora? —pregunta Inés.
—Ya me he enterado de que sales con el chico más guay de la clase —le dice Pedro irónico.
—Pues sí, tienes algún problema más que contarme —le responde Inés.
—El problema lo tienes tú —contesta Pedro. —¿Sabes que Diego tiene otra novia?
—¿Cómo dices? —le pregunta Inés sorprendida.
—El viernes por la tarde lo vi con una rubia, mayor que nosotros, pero guapa. No sé cómo lo hace, pero su otra novia también está buenísima. Estoy impresionado…
—¡No te creo! —contesta Inés nerviosa.
—Pues pregunta a los otros… Roberto, David y Daniel también lo vieron. Los vimos salir de una cafetería del centro.
—¡Hoy no es mi día! —dice Inés muy triste.
—No te preocupes —le dice Pedro mientras le da un abrazo. —Aquí tienes un amigo de verdad.
Diego ve la escena desde el otro lado de la clase y se va enfadado a casa.

---

1 **en el fondo** im Grunde genommen – 4 **desarrollarse** sich entwickeln – 24 **estar bueno, -a** hübsch sein

9 Las noticias

Cuando pasa por el quiosco de la esquina, Diego empieza a leer algunas revistas. Todas las noticias hablan sobre el mismo tema: Devil. Diego tiene miedo y no se siente bien. Le duele la barriga.

Durante la cena, como siempre, la familia mira la televisión: *Buenas noches señores y señoras. La policía sigue buscando a Devil. El famoso hacker ha empezado a poner en peligro la seguridad de algunos países como Alemania y Francia y sigue con la amenaza de publicar algunos datos secretos. La policía ha descubierto que Devil no trabaja sólo y piensa que puede estar en estos momentos en nuestro país…*

—Diego ¿por qué no comes? —pregunta la madre.

—No tengo hambre —contesta Diego sin dejar de mirar la televisión.

—¡Pero si te encanta el chorizo! —protesta la madre.

—Últimamente estás muy raro —dice el padre.

—Pues yo creo que está enamorado… —sigue el hermano.

—¿Ah sí? ¿Y de quién? —pregunta la madre interesada.

Diego no contesta, se levanta de la mesa enfadado y se va a su habitación.

A Diego le parece importante hablar con alguien sobre Devil, pero no sabe con quién. Piensa que sus padres se van a enfadar, su hermano no le va a tomar en serio y no tiene buenos amigos. Además, muchos no van a comprender su situación.

---

4 **doler la barriga** Bauchschmerzen haben

10 Suena el móvil

De repente suena su móvil y se da un buen susto. Es Inés. Pero Diego no quiere hablar con ella y por eso no contesta. Inés llama tres veces más. Diego sigue sin contestar. Al final recibe un mensaje de Inés:
¡Cerdo asqueroso! ¿por qué no contestas? Me has decepcionado.
Cuando Diego lo lee se queda muy sorprendido. *¿Cerdo yo? La vida es injusta…* piensa.
Entonces llama a Inés y le dice enfadado:
—Pero ¿qué te pasa? ¿Le das un abrazo a tu exnovio delante de todos y el cerdo soy yo?
—No es lo que parece… —contesta Inés. —Además, ya me han contado que sales con otra chica.
—¿Pero qué dices? —contesta Diego.
—Pedro y los otros chicos te han visto con ella. Es rubia y guapa, pero una vieja. ¡Lo sé todo! —protesta Inés.
—Inés, nos tenemos que ver. No puedo hablar por teléfono sobre esto. Mañana en el parque después de clase.
—¡Vale! ¡Hasta mañana!
—¡Adiós!

Al salir de clase Inés y Diego se ven en el parque que hay cerca del instituto. Allí se han encontrado otras veces. Se sientan en el suelo sin hablar y se miran a los ojos. En realidad los dos están inseguros. Inés empieza a hablar y pregunta:
—Entonces… ¿me vas a explicar lo de tu otra chica?
—No, no te lo voy a explicar —contesta Diego serio.
—¿Cómo? ¡No me lo puedo creer! —dice Inés enfadada.
—Tienes que confiar en mí. Sólo te quiero a ti.

---

2 **dar un susto** (sich) erschrecken – 6 **¡Cerdo asqueroso!** Dreckschwein – 25 **inseguro, -a** unsicher

Inés se pone roja y no sabe muy bien qué decir, pero sabe que Diego dice la verdad y le da un beso.
—Yo también te quiero, Diego.
—No te preocupes, esta tarde es la última vez que voy a ver a esa mujer. Ahora me tengo que ir.

11 En la estación: último encuentro

Diego toma un autobús hacia la estación de Atocha. Lo ha pensado mucho, pero no quiere ayudar a Devil. No le importa el dinero que puede ganar, ni la fama. Le parece que Devil no es una buena persona y todo el plan es demasiado peligroso. Para él lo más importante ahora son Inés y el instituto, no quiere ir a la cárcel.
Cuando llega a la estación ve a Devil que ya espera delante de un quiosco. Lleva un vestido corto de diseño y gafas de sol. Está guapísima. En la mano lleva el maletín con el ordenador. Diego no tiene ni idea de cómo va a reaccionar Devil. Cuando ya está cerca de ella, siente miedo. Devil está mirando las revistas, parece concentrada, cuando de repente se da la vuelta y le dice:
—¡Has llegado siete minutos tarde! No me gusta tener cómplices impuntuales.
—No te preocupes, Devil —contesta Diego nervioso. En realidad no quiero ser tu cómplice y no quiero trabajar para ti.
Devil lo mira enfadada y le enseña muchísimo dinero.
—¿Estás seguro? —dice Devil con una sonrisa.
Diego está impresionado. Nunca ha visto tanto dinero junto.

---

5 **ponerse rojo, -a** rot werden – 12 **una cárcel** ein Gefängnis – 16 **reaccionar** reagieren – 21 **impuntual** unpünktlich

—Sí, estoy seguro. No quiero problemas.

—Te lo voy a volver a explicar, Godie… Ya no te puedes echar atrás. Sabes demasiado sobre mí y yo lo sé todo sobre ti.

Diego no sabe qué hacer, está muy nervioso, así que busca la salida de la estación y empieza a correr. Devil lo persigue también corriendo. Por la calle pasan muchos coches y el semáforo está en rojo, pero Diego no puede esperar. Tiene que escapar y encontrar a algún policía, así que decide cruzar la calle. Entonces se escucha un coche que no puede frenar, empuja a Diego hacia un lado y lo tira al suelo. Devil cae detrás de él.

—¡Maldito niño! ¡No puedo mover mi pierna derecha!

Todo el mundo se acerca al lugar del accidente. La policía y la ambulancia llegan pocos minutos después.

Cuando cae al suelo Devil, pierde el maletín.

Mientras los enfermeros meten a Devil en la ambulancia, ella no para de gritar:

—¡Necesito mi maletín! ¿Dónde está mi maletín? ¡¡¡Mi pierna!!! ¡¡Ahhh, ten cuidado con mi pierna!!

—Parece que la pierna está rota, pero en unas semanas va a estar mejor —dice el enfermero.

Mientras Devil sigue gritando, Inés se acerca a Diego.

—¿Estás bien? ¿Qué es todo esto?

—¿Y tú… qué haces aquí? —le dice diego sorprendido.

—Pues… te he seguido desde el parque… es que…

—Vale, vale, por lo menos ya no piensas que esa loca es mi novia ¿no?

La ambulancia ya está de camino al hospital. Diego mira debajo de un coche y ve el maletín de Devil. Se mete debajo del coche y consigue sacarlo.

—Uff… ¿Qué debo hacer con esto? —piensa Diego.

---

5 **perseguir** hinterher laufen – 6 **un semáforo** eine Ampel – 9 **frenar** bremsen – 12 **maldito, -a** verdammt – 13 **un accidente** ein Unfall – 14 **una ambulancia** ein Krankenwagen

Entonces ve a algunos policías que están tomando notas sobre el accidente. Se acerca a uno de ellos y le dice:

—Es de la mujer que ha tenido el accidente.

—Ah, gracias, luego lo mando al hospital —dice el policía.

—Sí, claro, pero antes tiene que prometerme algo.

El policía mira serio a Diego y le dice:

—¿Qué quieres?

—Tiene que mirar el contenido de este ordenador. Es muy importante y, además, le puede hacer famoso.

El policía toma el maletín escéptico y se va sin decir nada.

Al día siguiente Diego se levanta contento y está nervioso por escuchar las noticias. Mientras desayuna, enciende la radio:

Por fin esta mañana la policía ha detenido en un hospital de Madrid a Devil, el hacker más famoso de la historia. Para sorpresa de muchos, Devil es una atractiva mujer de 24 años y de nacionalidad norteamericana. Ayer por la tarde la mujer tuvo un accidente cerca de la estación de Atocha. Allí mismo, gracias a la ayuda misteriosa de un joven héroe, la policía encontró su ordenador…

Inés también está en casa, y mientras desayuna, escucha la misma noticia. Entonces comprende todo, sonríe y piensa en Diego.

---

18 **un héroe** ein Held

1 Inés

Contesta las preguntas con la información del cuadro.

especial • pelo liso • experto/-a en informática • inteligente • no tiene amigos • es el/la mejor de la clase • atractivo/-a • está enamorado/-a • aburrido/-a • guay • animado/-a • toca la guitarra • moreno/-a • no es muy alto/-a • divertido/-a • guapo/-a

a) ¿Cómo es Diego?

____

____

____

____

____

____

____

b) ¿Cómo es Inés?

____

____

____

____

____

____

2 Noticias de Devil

1. Busca 5 cosas que hay en la habitación de Diego.

R	A	D	F	G	Y	O	B	T
F	R	S	C	A	M	A	W	E
G	M	Y	E	L	E	O	B	H
E	A	H	D	P	S	I	E	P
O	R	D	E	N	A	D	O	R
D	I	Ñ	S	I	L	L	A	U
S	O	F	U	G	R	A	H	K

2. ¿Qué sabemos sobre Devil? Elige la respuesta correcta:

Devil necesita ayuda…

a) … para controlar los correos chinos.
b) … para terminar su trabajo en España.
c) … para no recibir tantos correos.

Devil puede…

a) … provocar una catástrofe mundial.
b) … recibir y contestar 600 correos cada día.
c) … dormir muy bien por la noche.

3 Una tarde de cine

1. ¿Qué pasa en el cine? Cuenta la historia con la ayuda de estas palabras:

sentarse • apagar luces • thriller americano • perfume • beso • mano

2. Después del cine: ¿qué le propone Inés a Diego?

4 ¡Mensaje de Devil!

Une los elementos de las dos columnas para completar las frases.

Mi visita es de pocos días y es…	1	A	moreno.
Esto puede terminar en…	2	B	bastante normal.
La verdad es que pareces…	3	C	totalmente secreta.
Llevo el pelo corto y soy…	4	D	feo.
Soy bastante alto y no soy…	5	E	un desastre.

5 El examen del Gafotas

Después de leer el capítulo, ordena las frases en orden cronológico.

- ☐ Diego entra en el despacho del Gafotas.
- ☐ Al salir se encuentra con el Gafotas y otro profesor.
- ☐ Inés le explica a Diego que está muy nerviosa.
- ☐ El examen está protegido por una contraseña.
- ☐ Mamen dice que ella también necesita el examen.
- ☐ Diego llega pronto al instituto.
- ☐ Sólo quedan tres minutos para el final del recreo.
- ☐ Empieza a buscar el examen en el ordenador.
- ☐ Diego mete el examen debajo de la camiseta.

6 El encuentro

Mira el dibujo de la página 15 y describre en tu cuaderno…

a) … cómo se siente Diego.
b) … a la persona que está sentada con Diego.
c) … el lugar de la escena.

7 El correo de Inés

Contesta las preguntas sobre los correos que lee Diego:

a) El mensaje para Pedro: ¿Quién es Pedro?
¿Qué le dice Inés en el mensaje?

b) El mensaje para Mamen: ¿Cuál es el plan de Inés?
¿Por qué se enfada Diego cuando lee el mensaje?

8 En el instituto: las notas de matemáticas

Marca si las siguientes frases son correctas (v) o falsas (f).

1. Diego se alegra mucho de ver a Inés.
2. Mamen cree que Inés está enamorada de Diego.
3. El plan de Inés ha salido muy bien.
4. Inés cree que Diego tiene otra novia.
5. Diego cree que Inés y Pedro son otra vez novios.

9 Las noticias

Lee el capítulo y contesta las preguntas:

a) ¿Por qué piensas que Diego no se siente bien?

b) ¿Por qué piensa el hermano que Diego está raro?

c) ¿Por qué Diego no habla con nadie de su problema?

10 Suena el móvil

Explica qué piensan Inés y Diego sobre su relación en este momento del libro.

11 En la estación: último encuentro

Marca si las siguientes frases son correctas o falsas.

1. Diego y Devil se encuentran en el aeropuerto.
2. Diego ha decidido no ayudar a Devil.
3. Diego siente miedo de Devil.
4. Devil se alegra mucho cuando ve a Diego.
5. Devil tiene mucho dinero para Diego.
6. Devil y Diego tienen un accidente.
7. Inés ve el accidente de Diego.
8. Diego tiene que ir al hospital.
9. Un policía encuentra el maletín de Devil.
10. Al final, Inés entiende toda la historia.

Después de leer

Elige uno de los siguientes ejercicios:

a) Imagina que Diego va al hospital a visitar a Devil. Escribe el diálogo.

b) Imagina que Inés descubre que Diego ha leído su correo. ¿Cómo piensas que reacciona? Escribe un diálogo entre los dos.

c) Inventa otro final para la historia.